Made in the USA
Monee, IL
02 September 2022

13091467R00061